E EU TE MATEI BEM AQUI
Zoë Naiman Rozenbaum

© 2022, Zoë Naiman Rozenbaum

Todos os direitos desta edição reservados
à Laranja Original Editora e Produtora Eireli

www.laranjaoriginal.com.br

Edição Filipe Moreau e Daniel Knight
Projeto gráfico Yves Ribeiro
Produção gráfica Bruna Lima
Fotografia da capa Yves Ribeiro
Fotografia da autora Isabella Oliveira Rechtman

Dados Internacionais de Catalogação na Publicação (CIP)
(Câmara Brasileira do Livro, SP, Brasil)

Rozenbaum, Zoë Naiman
  E eu te matei bem aqui / Zoë Naiman
Rozenbaum. -- 1. ed. -- São Paulo : Editora
Laranja Original, 2023.

  ISBN 978-65-86042-65-8

  1. Poesia brasileira I. Título.

23-142442   CDD-B869.1

Índices para catálogo sistemático:

1. Poesia : Literatura brasileira   B869.1

Aline Graziele Benitez - Bibliotecária - CRB-1/3129

E EU TE MATEI BEM AQUI

Zoë Naiman Rozenbaum

LARANJA ● ORIGINAL

Prefácio

Luto e catarse em *E eu te matei bem aqui*

Natália Zuccala

Como o próprio título anuncia, *E eu te matei bem aqui*, de Zoë Naiman Rozenbaum, é uma atualização da morte como forma de experiência de sobrevivência, de vida. Bem aqui, nas páginas deste livro, vamos encontrar em ato a corporificação de um luto que é mais preenchido de libido do que de destruição; mais propulsor da construção de significado do que da falta de sentido.

Por falta de palavra que defina melhor, chamaremos de personagem a voz que, no livro, é ao mesmo tempo eu lírico, narradora e até autora, num amalgamado plural de formas literárias. Durante a obra, ela partilha com o leitor sua experiência de elaboração do fim de uma relação que, enquanto durou, parece tê-la consumido por completo:

> *me faria meia-mulher*
> *um ser arruinado*
> *fadado ao fracasso*
>
> *que mesmo ao seu lado,*
> *sozinha.*

A necessidade intensa de matar o resto do outro que ficou em si parece equivaler à imensidão que essa relação teve enquanto existiu e o espaço que ocupou na subjetividade da personagem. No entanto, a morte não se instaura como mera extirpação, necessidade de vazão da violência que parece ter composto esse elo entre o casal; pelo contrário, a expurgação que o leitor presencia no livro de Zoë é um ato que vivifica. Para que isto aconteça, é necessária uma boa dose de libido, e esta se faz presente em diversas dimensões do texto, principalmente na potência teatral e dramática da personagem, que atua a sua história através do ato da fala e não se entrega a ela passivamente. O registro escolhido pela autora é menos o da narração, como tradicionalmente se esperaria da prosa, ou do lirismo, como se esperaria de uma obra em poesia, e mais o da atualização em cena dos conflitos de uma subjetividade que diz suas angústias. *E eu te matei bem aqui* performa a morte a partir da convulsão de uma voz que, diante de nossos olhos, elabora um luto para que ele não se transforme em melancolia, dando ao falar seu status transformador enquanto ação.

Ao mesmo tempo, durante a leitura, assistimos a uma destruição que procura construir, mas que a todo momento ameaça a si, num vai-e-vem perigoso próprio da fusão entre Eros e Tânatos:

> *Nós nos desgastamos. Fomos pouco a pouco nos exaurindo, sugando um ao outro, queimando. Você tinha me jogado na fogueira há muito mais tempo do que eu pude perceber. Num fogo em brasa, uma fumaça tóxica que me viciava, me entorpecia, minha visão enturvava. Me asfixiava de amor, de loucura, de paixão. Aos poucos morria em você.*

Matar é, para a personagem principal deste livro, uma forma de não sucumbir à experiência avassaladora da perda de uma paixão; sua maneira de expurgar o outro de si, sem destruir-se por completo; sua forma de encenar a catarse (κάθαρσις). Nas palavras plenas de teatralidade de Zoë, é possível observar a presença deste que é um dos conceitos mais caros para a tragédia, cujo significado em grego é justamente purgação.

Esta catarse, no entanto, não se apresenta apenas na dimensão particular da subjetividade, mas também catalisa processos coletivos atuais. Em "O teatro e seu duplo", Antonin Artaud afirma que "[...] o teatro existe para vazar abscessos coletivamente"[1] e, neste sentido, o livro de Zoë vaza um abscesso que tem, nos últimos anos, vindo à tona com força nas pautas sociais e artísticas: a toxicidade das relações amorosas e suas dimensões desproporcionalmente destruidoras para as mulheres.

Sendo assim, é fundamental que o leitor, nas próximas páginas, não se acomode demasiadamente em sua poltrona e aceite o convite para assistir, mas também para participar deste ato. E o chamamento para uma postura ativa em relação ao texto não se dá apenas no conteúdo, mas também no âmbito formal. Além de características de uma voz teatral, encontraremos uma estrutura em versos que aparece intercalada com trechos em prosa; o que faz com a experiência receptora vá se desestabilizando não somente pelo tom provocador, mas sobretudo pela necessidade de recodificar a forma a cada nova passagem.

A narrativa está na verdade em segundo plano, para que nos concentremos na construção da experiência do eu lírico. Não são dados elementos suficientes para que busquemos na história em si a vivência estética, para que tentemos remontar uma verdade dos acontecimentos, o que importa nestas páginas é a elaboração das vivências de uma subjetividade. A própria personagem enuncia isso enquanto nomeia os caminhos de sua razão: "te matar/foi um suicídio/necessário para seguir".

É inclusive esta auto enunciação o que faz com que a obra ultrapasse a instância dos gêneros literários nessa mistura de registros escritos e encontre a metalinguagem. Assim como

---

[1] ARTAUD, Antonin. Teatro e o seu duplo, São Paulo: Editora Martins Fontes, 2006, p.28.

o próprio falar é ação, a elaboração é também obra – "porque estou escrevendo um livro sobre uma mulher que tem nas costas coceiras e queimaduras e feridas onde crescem asas" –, e a obra é elaboração, produtos da personagem/eu lírico e da autora. E, nessa mistura de formas literárias proposta por Zoë, que possa o leitor/espectador também entrar na catarse entorpecente proposta por *E eu te matei bem aqui* e expurgar os próprios mortos.

Transforma-se o amador na cousa amada,
Por virtude do muito imaginar;
Não tenho, logo, mais que desejar,
Pois em mim tenho a parte desejada.
(...)

Luís de Camões

(...)
mas ter sempre comigo
o gigantismo da tua ausência.

Sónia Balacó

Para ninguém

E EU TE MATEI BEM AQUI

Prólogo

Uma ideia de você me assombra.

Ainda, por todos os lados.

Às vezes me pego pensando. Mas acabou. Acabou. Acabou.

E dentre todas coisas que você largou para trás – que deixou comigo – você abandonou o seu próprio livro, e eu vou escrever tudo *nele*.

Confesso que demorei para começar. Também demorei para viver depois do luto. Ou mesmo lembrar que não morri junto com você. Não sabia por onde, nem como. Mas a verdade é que esse livro não é sobre você. E essa história – *minha* história – também não. Muitas coisas foram sobre você. *Tudo* era sobre você. Tudo já foi sobre você, e não é mais.

De você, hoje uso apenas essas folhas em branco que você não se deu nem mesmo o trabalho de preenchê-las por si só. E também aquela sua camiseta larga que você não queria mais, ou aquele par de brincos dourados que você me deu de aniversário. A corrente com seu nome gravado.

De você, hoje preciso apenas das lembranças para escrever, das memórias do que fomos um dia e jamais voltaremos a ser. Talvez para confirmar a mim mesma que eu existi ali, naqueles momentos, naqueles anos, de alguma forma. Que eu estava lá, vivi, morri, renasci; quebrei partes de mim. De um corpo que hoje não é mais meu.

Mas a verdade é que não quero mais nada seu (com exceção da camiseta larga e dos brincos dourados. E da corrente, claro, a corrente agora é minha).

Esse livro não é sobre você.

E eu te matei bem aqui.

I

eu sei. deve existir algo além. sei que deve existir algo atrás daquela porta. sei que está ali. devo abri-la. sei que está ali, bem atrás daquela porta, bem vivo, sim, esperando que eu assobie, que eu adivinhe seu nome. esperando que eu espie pelas frestas, pela fechadura, me esperando. ah, e como quero olhar, nem que seja de relance ou soslaio, sonho em passar os olhos por detrás daquela porta, em encontrar com aquilo que tanto me espera, aquilo que tanto procurei, que tanto almejei, que cruzemos a mirada; em lhe encontrar.

mas de alguma forma não o alcanço.

talvez não queira abrir essa porta agora, talvez queira demasiado e esse querer me apavora. me assombra o que vou encontrar depois de girar a maçaneta, me assombra talvez encontrar o que não seja o que estou pensando, me assombra se for exatamente aquilo que estou pensando. pode ser que não tenha nada naquele cômodo, pode ser que tenha tudo bem ali.

eu sinto. tem algo atrás daquela porta, algo esperando ser descoberto, algo à espreita, aguardando o momento em que será visto, algo –

deve ter algo atrás daquela porta
por favor que exista alguma coisa ali
bem atrás daquela porta

mas de alguma forma não consigo alcançá-la.
não consigo girar a maçaneta.

temo nada encontrar
temo encontrar

temo.

II

antes de tudo isso
eu não queria mais nada.

já desejei tanto as coisas
a ponto de caçá-las
como presas

já desejei tanto as coisas
com uma força brutal do querer
que viessem com facilidade
feito feitiço-enfeitiçado
ímãs magnetizados
ao meu encontro
no meu momento exato

já escolhi a dedo
fiz curadoria de sonhos
já acabei em becos sem saída
ruas esburacadas
e continuava querendo tudo
assim como havia imaginado
que assim fosse que assim viesse
ao meu encontro
no meu momento exato
minuciosamente desenhado
como em minha cabeça pensado
uma história que eu já tinha narrado
repetidas
inúmeras
obsessivas vezes.

mas antes de tu
do isso
deixei de querer tanto

deixei de assinar contratos
apaguei nomes
inventários
como quem não tivesse nada para fazer
(pois não tinha)
como quem fizesse tudo isso à toa
(pois estava)

até o momento em que vi seu olhar no horizonte de certa forma
                              [relaxado e perdido e pensei
(que convencido)
até o momento em que te vi e te enxerguei
até o momento em que te vi e te enxerguei e só queria dizer que
eu também estava aqui
até o momento em que te vi e soube que você era
                [tudo aquilo que eu não precisava
mas no momento exato em que te vi
soube que seria
meu amor
meu pecado
minha maldição
minha desgraça
e soube que nunca antes nessa vida
quis tanto
e soube
era aqui
agora
era a hora
tinha chegado

era você.

III   horas desperdiçadas

quando te vi pela primeira vez
senti aquele seu odor tão familiar
de vidas passadas e futuras
que estivemos e iríamos passar

quando te vi pela primeira vez
te recebi com um tapa na cara
para vingar
o quanto ardeu
esperar

por não ter chegado antes.

IV   partitura

acorde
eu vi um mi
no seu
dó lá si

si
ai, si
se sim sêsse
se um dia nóis se tocasse

lá
gritaria três oitavas acima
sem drama – só farra
bem longe de casa

dó
te acordaria sem mais nem menos
pegaria de jeito
harmonia em *allegretto*

mi
te faria amor, rima, soneto
tudo em melodia
uma sinfonia muda, um poema em silêncio

V

tenho medo de quebrar minhas asas recém-criadas
quando alçar vôo
ao teu encontro

e se eu cair
e não conseguir mais voar?

o que vai ser de mim?

VI

eu dormia no seu colo
boba, em esplendor
apaixonada
você dizia *amor*
enquanto me cortava

eu com você
você com a tesoura
me tosava

sonhava sonhos tranquilos
em plena alegria e felicidade
te confiava minhas asas
te confiava

e eu nunca fui uma pessoa de confiar
eu não sou uma pessoa de confiar

mesmo alada
não precisei de nada
(saltar no abismo
fugir
escalar montanhas no deserto)

no seu toque
minhas asas quebravam
com serenidade
você as cortava
graciosamente
eu confiava

e eu nunca fui uma pessoa de confiar
eu não sou uma pessoa de confiar

me leva pro Sinai, eu te dizia
mas queria mesmo é que me levasse não importa pra onde
que me levasse pra você, pra sua história
que me consagrasse sua deusa, santa, Cleópatra
mártir canonizada
sua virtude maior, seu pecado capital
a égide da navalha
a primeira e única
o maior desafio, a mais tenra ternura
a pausa dos tempos, o fim dos mundos

que você pixasse meu nome em todos os muros da cidade, que você pintasse meu nome em todas as paredes da sua casa com tinta permanente, que você tatuasse meu nome em todas as partes do seu corpo, que você escrevesse meu nome em todos os idiomas do mundo

que você registrasse nossos ruídos, que você dirigisse nossa pornografia, que você fizesse da nossa própria linguagem um dicionário

éramos não mais que crianças
criando um reino encantado
só nosso
você meu rei
eu sua rainha

mal sabia eu
que no final da história
anti-herói
beirando o vilão
você se revelaria
na torre ou na masmorra
eu morreria
o conto de fadas
nem final feliz teria
me acabaria desgraçada, assombrada, maldita
me faria abandonada
uma mulher esquecida
acabada, perdida
execrada
expulsa do Paraíso
em pleno deserto
uma mulher que caminha

uma mulher que manca,
trôpega, caminha
com os pés sangrando
queimados os dedos
as asas quebradas
as costas ardendo
você me faria

me faria meia-mulher
um ser arruinado
fadado ao fracasso

que mesmo ao seu lado,
sozinha.

VII

E se um dia a virem vagando pelo deserto, saibam quem fui. Que já fui ela, essa mulher rasgada, extorquida, crua, deserdada de seu próprio mundo. Se um dia a virem vagando pelo deserto com suas asas cortadas, os pés sangrando, pele assada e a garganta inflamada, saibam que essa mulher um dia fui eu.

VIII

eu deitada no seu colo
você acariciando meus cabelos
você beijando minhas mãos
você beijando meu corpo
e tudo o que em mim poderia ser beijado
você jurando que o amor existe

eu deitada no seu colo
em confiança, contrato
entregue a seu nome
você jurando que o mundo é nosso
você jurando que o amor existe
você cortando minhas asas

eu nada sentia
no seu colo, deitada
(devota, sem disfarce)
pois o mundo era nosso
e o amor existia

o amor existia
você jurou
jurava que existia
pacto que assinei
também jurei
em frenesi, insana
de ocitocina

talvez eu até gostasse
da lâmina
das tesouras
com que me cortava

(porque eram suas)
gostava quando você se mostrava
(tão convencido)
quando se armava inteiro pra mim
quando pomposo, puxava
destravava o gatilho
me espancava a face com a pistola
até que eu gostava

aprendi a gostar
quando você me ameaçava
que você atirasse
que me queimasse
torturasse
que me marcasse no corpo
para lembrar que te amei
que tanto amei
um amor que hoje nem sei

eu bem que gostava
de te ver possuído
daquele jeito
bem estúpido
socando paredes de raiva
no lugar da minha cara
carregando as balas
eu bem que gostava

nossa intimidade
você colocando o cano na minha goela
você puxando o gatilho
com a arma destravada

eu adorava
bem que gostava
do cheiro, da pólvora
de ser enforcada
tanto gostava
da fumaça seca
da pimenta ardida
queimando minha garganta inflamada
ah, eu gostava

que você me matasse de paixão
de reação alérgica
asfixia, obsessão
desse amor louco
meu orlando furioso

que você enfiasse o cano na minha goela
e atirasse
eu gostava
eu iria gostar

eu pedia pra você atirar
mas você nunca atirava
só ameaçava me matar.

IX

Antes fosse tudo
e era nada

Não fosse quase
e era pouco

X

há tempos respirávamos por máquinas
vivíamos sob o efeito de drogas pesadas
mecanismos que tanto
adiaram a morte
de nós

há tempos nosso amor respirava por máquinas
e eu já havia deixado de respirar há tempos
de me sentir viva como me senti naquela primavera em que
                             [nos conhecemos
uma primavera que na verdade era um outono
e se tornou um inverno interminável e congelante
um verão insuportável

te dei tudo, tanto
você me presenteou o sino de vaca
o peso no pescoço
no coração, a estaca

mostrei as feridas que me cravou na pele
você mal enxergava as cicatrizes
que sobreviveram ao fogo
às marcas do chicote
à força com a qual me adestrou a ser sua

quis tanto que
me amasse como quem quer mostrar ao mundo que
                      [nada é mais forte do que isso
mas o amor eleva
transcende
voa

e você quebrava asas
e você amava
sem sublimar
sem metamorfose
sem catarse

te bastava o gozo
a entorpecência
os dias cor de rosa
o prazer, a carne

e eu que sempre achei que os homens não sentissem nada
que fingissem
na realidade

mas é claro que sentem;
se amam tanto!

gostaria eu
de me amar assim também

XI

eu sabia que você ia me quebrar
que algo não estava certo
que algo daria errado
mesmo depois de implorar
de pedir tantas vezes
para você cuidar

e você cuidou tão bem
e você cuidou tão mal
e cravava feridas
e beijava cicatrizes
me mutilava
cortava asas
cultivava-as
guardava minhas penas em potes de vidro
tudo incinerava
jogava as cinzas no lixo

tive que sair
antes que
no seu conforto
me consumisse
antes que me destruísse
antes que me (re)tirasse de mim

mas *ainda* procuro um pouco de você
em todos
em tantos

uma ideia de você me assombra,
ainda
por todos os lados

por vezes
ainda me consumo
ainda me engano, me minto
ainda sozinha
me destruo

por vezes
ainda procuro
o tom da sua voz
(grave, cômico, rude)
sua malícia
(constante)
os seus olhos
(que já foram os olhos mais lindos do mundo)
seu ninho de teimosia
(que você chama de barba)
as imperfeições
(tudo aquilo que não gostamos e que aprendemos a gostar
                [e gostando nos fazem gostar ainda mais)
um segredo meu que só você sabe
(como é me amar)

ainda não consegui esquecer
como é sentir o sol implodindo felicidade
dentro do peito
em mim, em você
esparramando aquela gosma rosa e grudenta
flambada e incandescente
que era a chama da nossa paixão

ainda não esqueci
o irradiar endorfina
do seu abraço de algodão
enquanto você acariciava meu cabelo
e me dava certeza de que o amor existe
e me dava certeza de que o mundo é nosso

e o amor existe
e nunca existiu tanto
como naquele aperto
debaixo dos lençóis
e o mundo existe
e nunca foi tão nosso
como naquele emaranhado de toques e mãos
na umidade das nossas respirações se misturando

a cada dia
eu acordava e queria viver aquele momento para sempre
eu acordava com medo de estar sonhando
eu acordava com você

a cada dia
eu acordava sem nem saber
o pesadelo que estava vivendo
sempre acordando
pouco a pouco
menos minha
cada vez mais sua
cada vez mais sozinha
cada vez mais com você

XII

Nós nos desgastamos. Fomos pouco a pouco nos exaurindo, sugando um ao outro, queimando. Você tinha me jogado na fogueira há muito mais tempo do que eu pude perceber. Num fogo em brasa, uma fumaça tóxica que me viciava, me entorpecia, minha visão enturvava. Me asfixiava de amor, de loucura, de paixão. Aos poucos morria em você.

XIII   treze

ainda não consegui esquecer
ainda não esqueci
é difícil o fazer
você deveria ter sido suficiente
você foi suficiente
você deu certeza
o amor existia
e ele existiu, sim
mas o que foi você?

um mito, uma lenda
uma fábula sem moral
um surto coletivo
um delírio individual?
uma decepção
(pode ser)
uma ideia que criei
(sim)
uma ideia
de você

uma ideia que me assombra
ainda
um fantasma que me persegue
por todos os lados

um demônio que me arrasta, porque mesmo nos meus pesadelos menos tenebrosos eu continuo voltando para sua casa, eu continuo andando na sua rua – eu amava andar na sua rua, eu amava ir pra sua casa – e eu sigo voltando, eu sigo vagando, eu continuo andando na sua rua e passando em frente ao seu prédio, mesmo sem querer ali estar. eu tento fugir, mas todo caminho ali parece me levar, todo caminho me leva de volta para sua casa, para aquele edifício amarelo de nº13, com plantas nos terraços e flores nas sacadas, naquela rua a alguns quarteirões da praia, na sombra projetada por aquele grande hotel colorido, na esquina daquele banco onde tantas vezes sentamos, no estacionamento do prédio vizinho onde nos batizamos, na primeira vez em que juntos existimos. eu simplesmente continuo voltando

voltando

voltando

não importa em quantos aviões eu entre, não importa quantas caronas eu peça na estrada, não importa quantas estações de metrô passem, não importa quantos milhares de quilômetros eu percorra, não importa para quantos países, cidades, endereços, códigos postais; não importa. milhares de buracos negros poderiam surgir pelo caminho e eu continuaria voltando para sua rua, entrando no seu prédio, subindo as escadas e abrindo a porta do seu apartamento (sim, ainda tenho a chave, esqueci de devolver, você mesmo não pediu de volta, mas isso não importa), eu giraria a maçaneta, abrindo a porta, entrando.

eu tomo coragem
eu giro a maçaneta
eu abro a porta

mas você não está mais lá.

você nunca está.

XIV

hoje tento apagar os sonhos
que criei em ti
(te apagar)

mas a verdade
é que
tenho que parar
de colorir
as chamas
de um fogo
que já se apagou
há muito tempo

porque você nunca foi rei
ou lobo mau
príncipe, sapo
ou bode expiatório.

você era E.
e isso deveria ser suficiente

e isso foi suficiente
até eu me escolher
até eu escolher me salvar
antes que caísse em uníssono
no mar do abandono
que você não via
na melodia da destruição
que você não escutava

andava preocupado demais
com seu espelho
de narciso fálico

e perceba
eu não sou
(nem nunca fui)
uma vítima

e é por isso mesmo que decidi te matar.

XV

minha astróloga disse que você era um amor cármico
e disso eu já sabia
porque há muito tempo
já previa sua chegada

talvez fomos amantes em outras vidas
talvez nos detestamos em passados distantes
talvez nos conhecemos na praia
como desta vez
eu também não teria gostado de você no começo
como desta vez

e quando me dei conta
aquecia o bule na sua casa
preparava um chá na sua cozinha
para aquele seu resfriado que eu também peguei

e quando me dei conta
já tínhamos feito juras
de sangue e lágrimas
de emoção e alegria
de saber que éramos duas almas solitárias
que desistiram de absolutamente tudo
e se encontraram
juntas
nesse mundo

talvez fomos amantes em outras vidas
um amor obsceno, sujo e proibido
talvez um incesto, um desvio
um clichê adolescente na escola
um romance num navio

talvez um amor inocente e puro
virgens e sedentos
talvez famintos

mas nesta vida, sei
escrevemos diários
assuntos de prosa e poesia
fomos poemas
romances
uma antologia

escrevemos roteiros dignos de lágrimas
nos tornamos tragédia grega
comédia dramática
quase novela mexicana
não éramos sansão e dalila
não éramos tristão e isolda

minha astróloga disse que você era um amor cármico
e choramos e nos intoxicamos
não éramos romeu e julieta
mas fomos cármicos
morremos juntos
sem última ceia
overdose de veneno
quase romeu e julieta

isso tinha que acabar

sem saída
recorri ao recurso final
à estratégia primitiva
– matar

tinha que te assassinar
de uma vez por todas

e te matei comigo.

XVI

um dia
fui feliz nesse poema
nessa prosa
nesse filme
nesse quadro
nesses anos
que passamos juntos

te pintei inteiro de ouro
fiz você meu menino dourado
homem soldado

e tudo passou
você foi
eu parti
fui ser minha
só para mim
de você
sobrevivi

reconhecemos alguns astros
apenas depois
de morrerem
as estrelas falecem todos os dias
ainda ontem
algumas deixaram de existir
ainda ontem
você morreu
eu te matei
te perdoei
esqueci
tanto faz

nem sei
você sequer chegou a existir?

eu te criei
como ser
meu menino soldado
homem dourado
obra-prima
corpo-experimento
idealmente concretizado

antes
mera amostra
cobaia
e então meu sonho encarnado
vivo e acordado
hoje, um déjà-vu estranho
fantasma, assombro
alucinação de homem morto
no campo
um espantalho

amei o conceito de você
a ideia de ti
meio personagem, protagonista
te inventar como criatura
brincar de cientista
o médico e o monstro
a obra e o artista
perder o alcance, perder de vista
virar do sonho o pior pesadelo
ameaça geral, besta brutal

incontrolável
alerta vermelho

mas você, amor
veio de mim.

e tomada
de paixão
por alguém que criei
mal sabia eu que
se criei
era porque já estava em mim
já era meu
me fazia parte;
era eu.

um dia fui feliz nesse poema
que chamamos de nós
e como tudo nessa vida
viramos a página
tivemos última estrofe
ponto final

e por isso mesmo
que não te perdoo
nem por um segundo

porque se perdoar significa esquecer
não perdoo ter te encontrado
não perdoo ter te criado
não perdoo o que você foi pra mim
de uma beleza letal

mais do que rascunho, maquete
instrumento ou material, mas sim

real
infinito
abissal

uma ideia virtual
um ideal de você
alguém para mim.

XVII

queria escrever alguma cena de amor
mas só escrevo cenas violentas
queria viver qualquer cena
mas meus dedos estão quebrados
ponta a ponta queimados
só consigo chorar
caio nesse choro de ferro nesse choro de fogo
infernal um choro letal
uma raiva dos deuses
sobrenatural

me desacredito hoje
em negação
me levo ao fundo do poço
me peço folga de um dia
porque o que ontem me afligia
amanhã não será mais real

quero deseternizar certas coisas
dar fim a tantas

mas continuo morrendo e renascendo
me afogando de três em três anos
revivendo a cada quinze minutos
uma idosa à beira da morte
um bebê recém chegado ao mundo

continuo todos os dias te matando
réu e vítima
ambos culpados
ambos insanos

XVIII   você nunca existiu

1

às vezes eu queria
me livrar dos meus problemas
da maneira como você foge para o mar
na frequência que você liga o rádio
acelera o carro
e esquece do mundo pegando a estrada

mas você tem medo da água
você não ouve rádio
você não dirige

2

estou há dois meses
almejando ver uma pessoa
que nem sei se existe

provavelmente não existe
assim como todos os outros
nunca existiram
mesmo vivos
com nome sobrenome endereço e fruta favorita

3

a minha imaginação
conseguiu melhorar
tantas coisas
que a vida
mostrou como inútil

EU QUERO TANTO
mesmo que
soe como uma criança birrenta e mimada
(que não nego ser)

EU DESEJO MAIS QUE TUDO
mesmo que a realidade não se arrependa do que não aconteceu

e se tudo o que acontece
é o melhor que pode acontecer
você provavelmente não existe
ou é o pior que me aconteceria;

prefiro pensar apenas em um.

sempre soube que penso demais
que criei da sua imagem
alguém que desejo para mim
– Eu mesma.

me sinto insuficiente
mesmo sabendo
que sua suficiência
imaginei
de mim.

5

é certo;
você não existe,
não até provar o contrário.

6

para de fugir
e vem me encarar nos olhos

você não existe,
e até isso conseguiu provar errado.

7

eu te criei
assim como criei tantos
fantasmas e demônios
amores platônicos
ciladas, armadilhas
ideais recíprocos
que nunca foram
em absolutamente nada
correspondidos

mas se tem algo que não criei
em você
que existe de fato
(à sua maneira)
é esse seu jeito
disperso
avoado
é a maneira
que você liga o carro e não para até chegar ao mar

eu queria saber fugir como você
com você
desligar do mundo
largar tudo pra trás
tacar fogo nas coisas que pesam e sufocam

mas você não existe.

nunca existiu
nem aconteceu

e eu te matei bem aqui.

XIX

saudades do mundo cor de rosa
(ao seu lado)
quando era fácil e leve
cometer o pecado

saudades da grande mentira
que fomos
droga de vício tóxico
responsável pelas minhas crises e recaídas

como foi bom ser sua dependente química
em você me fui tão perdida
melancólica
desorientada e desnutrida
em você me demorei tanto tempo
quase uma vida

foi o meu mundo também
o meu mundo que despedaçou como no Apocalipse
meu mundo caiu como em Maísa
meu mundo parou meu mundo surtou meu mundo morreu
meu mundo caiu em depressão no abismo na fossa no poço
no fosso meu mundo explodiu em universo oscilatório
destruição declínio catarse profecia maldição
mas meu mundo sobreviveu
também meu mundo resistiu a maus-tratos terremotos
incêndios cometas vulcões em erupção conspirações de fim
do mundo enforcamentos maremotos linchamentos pragas e
tornados

meu mundo aos trancos e barrancos se reergueu por completo
ainda que por vezes eu tropece

ainda que você não mais ali continue
ainda que você não mais me apeteça com palavras
ainda que você me arraste que você me atormente
uma ideia que me assombra um fantasma que me persegue

e por mais inacreditável que seja, nos permitimos viver do mais belo e do mais hediondo com a mesma pessoa ao mesmo tempo

de você, hoje quero apenas me libertar; quero me descolonizar dos seus mastros, bandeiras e sobrenomes, queimar a sua constituição e enterrar suas leis; quero guerrilha, campesinato armado, reforma agrária, revolução do proletariado

de você, hoje quero apenas me livrar e faço isso aos poucos: jogando fora os pedaços que aqui restaram; pedindo de volta as partes de mim que você ainda não devolveu; guardando nossas histórias bem no fundo de alguma gaveta empoeirada – a terceira de cima pra baixo, para ser mais exata. tudo isso para que você seja apenas mais um capítulo, um excerto incompreensível, uma passagem intrigante, magnetizadora e talvez interessante de ser lembrada em alguns anos. tudo isso para que você seja em minha outra e nova vida uma aula de história, um velho aprendizado, a moral da fábula, ou apenas um conto tragicômico, uma nostalgia mofada. e nada mais do que isso.

sabíamos todo esse tempo que de qualquer maneira isso não iria durar. eu e você existimos para acabar. quando juntos, éramos uma casa em chamas – a casa que construímos com nossas próprias mãos, pegando fogo com nós dois ali dentro, brigando dentro do quarto por algum motivo idiota. éramos

o maremoto se aproximando de uma jangada que tentávamos
montar às pressas para escapar da nossa própria tempestade.

talvez fôssemos poesia
e quantas mais hipérboles e eufemismos
para não dizer que também foi triste
para não dizer que foi paz armada
carícias tortuosas
guerra iminente não declarada

não quero mais chorar, mas choro. choro porque tenho farpas nos dedos e calos nas mãos. choro em luto a nós que morremos queimados naquela casa, que padecemos afogados debaixo daquela jangada estraçalhada. choro em luto porque nos construímos, nos consumimos, nos destruímos. porque meu corpo se carbonizou dentro daquele quarto em chamas, porque não existimos mais, mas uma ideia de você, uma ideia de mim, uma ideia de nós continua
me assombrando
ainda
por todos os lados.

e se eu te vir andando na rua por aí, vou lembrar do antes
que já fomos amores cármicos
que já sangramos
que já queimamos
que já afogamos
que um dia nos esbarramos na rua
que nunca mais seremos os mesmos
como fomos
como eles foram
que amanhã você não saberá por onde ando

que hoje mesmo não sei o que você está fazendo
que nunca mais sentaremos naquele banco
porque não mais decisões juntos tomaremos
nunca mais seremos os mesmos
nunca mais juntos seremos
nunca mais nos veremos
porque nunca mais juntos
porque nunca mais nós
porque esquecidos no passado
morremos.

espero que esteja feliz. que seja feliz. seja feliz, sim. assim mesmo,

bem longe de mim.

e hoje, se eu te vir andando por aí, nem te reconhecerei mais. já não me reconheço. e como seria estranho te ver andando. te veria sorrindo com outro alguém no aconchego do seu braço que já foi meu lugar marcado por decreto divino do destino – somos amores cármicos, lembra? minha astróloga que contou – e enquanto isso você estará jurando para ela que o amor existe. e que o mundo é de vocês.

e espero que exista, sim. espero que o seja. espero genuinamente que exista, que seja
e que vocês se explodam juntos neste lindo amor

para longe, bem longe de mim

(assim como nos aconteceu. mas nada disso existe mais, não é mesmo?)

XX

Queria me livrar da viscosidade da tristeza, mas só tenho calos e farpas em minhas mãos; consequências das tentativas frustradas de construir jangadas às pressas com alguém hoje tão desconhecido quanto a rota desse nosso destino que nunca zarpou.

XXI

eu não sou uma vítima
tantas vezes reescrevo
tantas vezes me traio, me minto
até que me acredite
até que em minha própria farsa
me realize

porque estou escrevendo um livro sobre uma mulher que caminha no deserto perdida sem saber de onde veio nem para onde vai porque estou escrevendo um livro sobre uma mulher que tem nas costas coceiras e queimaduras e feridas onde crescem asas porque estou escrevendo um livro sobre a história de uma mulher que caminha no deserto em direção a montanha mais alta uma mulher que alça voo alada mas você a enterrou no fim do caminho você a abandonou sangrando no meio-fio da estrada você a esqueceu na última página lida você a caçou no topo do penhasco você queimou seu corpo e cortou suas asas você a tomou em tantos lugares você a aprisionou em seu mundo você a matou em todos os corpos possíveis e existentes

você a amou tão ternamente.

XXII

houve um tempo em que me imaginava voltando aos seus braços
toda queimada
minha pele e rostos desfigurados
decepada
alguns membros pelo caminho, largados
os pedaços que você esquartejou com carinho
lentamente degustando
me via sangrando
nas costas, nos braços
a pele assada
em frangalhos
me achava linda desse jeito
você o dizia
vermelho combina

não me vi
de verdade
do jeito que estava
toda envenenada
com alguma veia entupida
sem exames médicos em dia

XXIII

já fui roxa
manchada
a carne afora adentro
fui de alguém sua pessoa
numa vida que não reconheço
numa era antiga
numa história que nem parece
ter sido a minha

ontem você traduzia todas aquelas canções de amor
hoje você estragou todas elas e o refrão
"ain't no mountain high enough"

lembrar que havia dor nessa palavra amor
e se isso é amor
não acredito que seja

lembro do meu coração moído
por mentiras
lembro do meu coração morrendo
por palavras
tuas palavras que possuíam
prendiam
tuas mãos que seguravam
sufocavam
cuidavam e feriam

e se isso também é amor
não acredito que seja

XXIV   um belo pretexto para matar

te matar
foi um suicídio
necessário para seguir
te cortar pela raiz
foi preciso
para continuar de acordo com o plano

assassinato
morte, homicídio
atentado
chame como quiser
eu mesma nem sei mais o nome

só sei que queimei fotos
apaguei dados, documentos, fichas técnicas
só sei que desta vez
fui eu que te matei
sem ameaçar
como você fez

te empurrei do penhasco
te afoguei água abaixo
só sei que fui eu
fui eu que te matei
confesso
depois do tanto que ensaiei
depois do tanto que planejei
as mais diversas maneiras
de acabar contigo

te matando
aproveitei
me matei também
matei meu passado na sala de estar
e o enterrei comigo.

até então, tudo bem.

você sabia exatamente no que estava se metendo
nós sabíamos exatamente o que estávamos fazendo
isso foi como quebrar uma unha
isso foi como rasgar uma página

eu destruí a obra
me destruí na obra
antes que tudo mais fosse destruído

morremos juntos
assassinados por mim
admito
a ideia foi minha
isso tinha que acabar
eu que comecei

mas o que é a morte, afinal,
para alguém que foi inventado?
o que é a morte, senão que a vida no final?

te matar foi necessário
pode admitir
para um ser imaginário
nem deve ter doído tanto assim

XXV   limpando o sangue

acabar contigo sem dó
foi mais fácil do que imaginei

agora vai ser exaustivo
limpar todo o sangue daqui

água sanitária, cândida, sabão de coco
e sei lá mais que merda usei
para esfregar o chão onde te matei

talvez não devesse esconder a cena do crime
seria interessante assistir os cães farejando
os policiais descobrindo a carnificina
a urbe murmurando
foi homicídio
foi suicida

eu confessaria o crime, orgulhosa
aqui confesso
isto é um testamento
eu nunca ameacei como você fazia
apenas terminei

não foi armadilha, cilada
não foi crime passional
foi destino, meta, objetivo
talvez todo assassino diga isso

estou cansada de decidir rumos
como venho fazendo desde o início
penso no que fazer com tudo isso
qual o futuro desse cadáver que foi você

sua carcaça cheira mal
não quero mais ter que me ocupar disso
já esfreguei minha pele com lixas
lavei com buchas vegetais, esponjas de plástico
tentei bombril
até arame farpado

e você continua
me assombrando
ainda
por todos os lados
seu cheiro tão impregnado
seu sangue grudado
nas minhas roupas
os seus pedaços

você virou sujeira embaixo das minhas unhas que pintei com
esmalte preto em sua homenagem porque era sua cor favorita,
para aproveitar que estamos de luto, nesta bela oportunidade,
este lindo evento fúnebre

poderia ter colocado tudo que foi nosso
(seus restos mortais, meus restos radioativos em meia-vida)
naquela jangada vagabunda que construímos com instruções
                                                          [de náufragos
naquela jangada vagabunda que desafia as leis da oceanografia
naquela jangada vagabunda que nunca zarpou para destino
                                                          [algum
mas afogar pela rota-mar
seria opção fácil

você iria boiar
os peixes gostam de mim
o mar teria pena de me devorar

tentei outro pacto com o diabo
dessa vez ele não quis muito papo
então bato o martelo
e decido:
se vamos todos para o inferno,
por que não queimar tudo?
que tal antecipar o sofrimento premeditado
ir direto ao ponto
arder junto a ti no fogo eterno dos anjos caídos
como os bons pecadores que fomos
como ardemos desde o início?

se tudo o que dói
queima
talvez assim sigamos nossos destinos
em limpeza
renovados
pagando nossos pecados

depois de incendiar nossa casa
o lar que construímos
depois de naufragar a jangada quebrada
me vem um alívio indescritível
uma tensão que respira enfim

agora ao fogo,
meus pés e mãos se aquecem
fazia tanto frio aqui…

XXVI   preparativos de um funeral

com alegria e entusiasmo
lembro da ocasião
hoje é seu enterro
rio com respeito
e um pouco de sarcasmo
um certo orgulho no peito

prometi que não ia chorar
coloco meu melhor vestido preto
ameaçando insinuar uma nudez nos seios
quero que seus amigos vejam

prometi que não ia chorar
então gargalho sem receio
falo alto feito gralha velha
quase gritando

você se foi tarde
os bons vão cedo

prometi que não ia chorar
enfim choro em frente ao seu caixão abandonado
ergo um lenço
como donzela em tormento
esperando que alguém me salve
que me tire desse lamento

não queria cortesias
não queria ombros amigos
nem poesias
queria piadas prontas
tirar um sarro com o coveiro

não comprei flores
para seu túmulo
encontrei buquês murchos
pelo caminho

mas tenho em mãos duas pedras grandes
uma em respeito à tradição
aos mortos e sua memória
outra para seguir com o plano em ação;
provocar-me algum quadro raro de amnésia

XXVII   atestado de óbito

desta vez sou eu que escrevo sua morte

é certo
está muito bem verificado
sem sombra de dúvida
definitivamente averiguado
os registros aqui constam
com absoluta certeza
você não mais existe
nunca esteve tão claro

não há necessidade de laudo médico
não há por que passar no necrotério
as causas e consequências
de seu falecimento
não nos são nenhum mistério

aqui jaz tu
observo se decompor
seu corpo nu
totalmente emputrecido
inanimado
pelos vermes tomado e carcomido
seus cabelos secos, despenteados e caídos
seu corpo vazio
completamente desfalecido
tão feio e irreconhecível
seu olhar vago, petrificado e impreciso
você tão morto
sem qualquer vestígio de vida
tão nulo e inútil
como nunca antes conseguiu ter sido

os fogos fátuos te fizeram um salão de festas
amplo e vasto
agora em morte
está muito bem aproveitado

certifico aqui
sem mais delongas
você não mais existe
você não está mais aqui
pois você nunca esteve tão morto
para mim

XXVIII   **utilidade**

                                       1

mastigar
lamber
gritar
te amar;

dar usos à boca.

                                       2

te bater e xingar
de você
me vingar;
assassinato.

com a imaginação,
brincar;

dar usos à raiva.

                                       3

te enterrar
dar utilidade
ao seu cadáver
velar seu corpo
o fim da vida
otimizar;

dar usos à sua morte.

4

às suas custas
lucrar
o seu nome
esquecer
em você
não pensar
nunca mais;

dar usos à lobotomia.

XXIX

se devo odiar
esquecer
apagar
não sei

se não fosse a arma
seria provavelmente o último tiro
a bala definitiva
uma folha amarelada
que esqueceu de cair
pelo caminho

a verdade é que ninguém nunca precisou me descascar para
[saber
que a minha luz é infinita
que o meu amor é eterno
que meu carinho é pleno e sincero
mas a minha reserva de paciência é esgotável
ameaçada de extinção

já entendi
fui assassina
não sou mais bem vinda
não sou morte, nem vida
sou a sorte
que você não irá mais ter

XXX

uma nuvem morta me rodeia
uma ideia me assombra
uma chuva que não molha me encurrala
pesadelos com anedotas
coisas que só nós sabíamos dizer
frases que esquecemos pelo caminho
na minha boca
alguma palavra intraduzível
algo que ainda não sei dizer
no espelho
ninguém

XXXI

vinte e três

1

Entorpecida. Aqui e agora nada importa. Tenho péssimos hábitos e me orgulho de dizer que sou uma viciada no sentimento de plenitude do momento distorcido. Sentir o mundo abaixo desintegrando, despedaçando em estilhaços de vidro. Consegui atravessar todos os trânsitos dessa estrada entupida de pessoas imprestáveis buscando sexo, drogas e qualquer outra coisa que delete a amplitude do vazio. Não serei mais uma alma embriagada no meio da multidão estulta. Serei uma árvore tão enraizada, ramificada, fortalecida. Serei alguma coisa que ainda não sei denominar. Serei alguém, algo mais do que um vegetal ressecando ao sol. Caminho até o precipício para lembrar como é se molhar sem querer. Querendo, ainda, desejando, almejando todo o líquido que existe nesse mundo. Pronta para sugar cada molécula que se deu o trabalho de unir átomos.

2

Existem amores e amores. O amor da loucura, do fogo enfurecido. Inexplicável, inesperado, imensurável. Que entope as veias de endorfina, ocitocina, que extrapola os índices glicêmicos. E a dopamina nos transformou em dois completos idiotas. Num embolorado incandescente ainda mais irracional que o simples e velho hábito de manter péssimos hábitos. E mesmo que te esfaqueiem e te atravessem as traqueias da vida, tudo o que resta é acoplar-se ao mau espírito. Nunca estive tão apaixonada por alguém tão desmerecedor da minha boa vontade. Nunca estive tão apaixonada. E mesmo sabendo de todas as dores que você me causou, me inflige e provocará, quis prender sua imagem de salvação até o último minuto. Arrastei sua voz até a última porta. Inadmitindo a verdade de que você é uma droga ruim e desgastante. Um doce veneno, um açúcar apodrecido que entope artérias e provoca quadros graves de colesterol alto, diabetes tipo dois e infartos. A saúde pertence aos de mente forte fortalecida. Não consto mais nessa lista.

3

Tive o grande desprazer de burlar as leis contra a estupidez.

4

Mais e mais e mais. Nunca é suficiente. Nunca o será. Isso tem que acabar.

5

Acabou.

6

Estou provavelmente no estado mais alterado possível e nem por isso me pergunto se você entende do que eu estou falando.

7

Nós falávamos quatro línguas diferentes. A língua de um, a língua do outro. A sua língua com o outro; a língua do outro com a sua. E ninguém nunca se entendia.

8

Errei até mesmo o número de meses que estivemos juntos pois nunca fomos de comemorar aniversários.

9

O plural deixou de existir, mas eu não deixei de existir para o plural.

10

Completar e complementar são coisas diferentes. A escolha é sua.

11

Esperando algum outro idiota do outro lado do mundo vir à minha direção assim como você veio, com cara de quem vai afrouxar meus músculos dizendo que também conheceu o diabo e lembra seu nome.

12

Caminhávamos em direção à montanha mais alta. Ele não te ensinou a voar. Ele te enterrou.

13

Nunca estive tão apaixonada por alguém. Cavei minha cova de volta à superfície. Nunca estive tão apaixonada por você e nunca mais estarei.

14

Todos estão pedindo uma pausa na linha do tempo. Vamos voltar tudo de novo. Vamos reaprender as lições do passado que insistimos em esquecer. Não temos nenhuma experiência com tempos tenebrosos pois estamos constantemente vivendo uma assombração da qual somos incapazes de nos amedrontar. E eu mesma ainda não aprendi a esquecer as coisas boas que não existem mais. Precisamos reaprender a história da verdade.

15

Mudando de assunto.

16

Caminhando para a montanha mais alta. O fôlego pede, sufoca, implora. Estamos atrasados. Um, dois, três, quatro mil passos. Cinco mil metros acima do mar. Tão perto do precipício. Tão perto da vida. De viver. A neve se escondeu dos nossos olhos.

17

Coração partido. Esperando a próxima pedra cair e arrancar minha cabeça. Meu corpo desaba.

18

Procurando alguém que saiba costurar rompimentos.

19

Nunca estive tão longe do corpo que esteve mais perto do meu. Pode ser que isso não dê certo.

20

Preciso enfiar os dedos na areia para lembrar como é enfrentar escorpiões, preciso queimar os dedos para lembrar como um dragão coloca castelos em chamas.

21

Pé ante pé. Mão ante mão. Escalar é uma arte. Dedilhando cada centímetro das proporções rochosas. Meu corpo em alto-relevo. Quero chegar na ponta, no ápice, o mais alto possível.

22

A vista de cima é assustadora. O que fizemos de tudo? Um pouco de nada. E mais nada do que precisava ser feito. Tantos nomes perderam significado. Tantas pessoas esquecemos.

23

Renascimento.

XXXII

cair sete vezes
me levantar oito

XXXIII

esquecer-te
da tua imagem desprender-me
figura que desaparece
tão fácil e simplesmente
como quando te criei

mas ter sempre comigo
algo seu
que em mim reaparece
que se faz presente
uma ideia que me assombra
um demônio que me arrasta
um fantasma que me persegue

XXXIV orquídea negra

i. atirar a primeira pedra pode ser um fim e um começo. a certa altura, explicações não são suficientes, justificativas não suprem a demanda. queria me livrar da viscosidade da tristeza, mas só tenho uma flor em mãos. uma flor, e isso já me basta.

ii. foi aí que entendi que cansei. cansei de esperar o príncipe, o sapo, a maldição. cansei do papo torto da fada madrinha, da varinha de condão. podem se aposentar; não vou mais estar no meio da multidão estulta lutando por um buquê de rosas brancas que não sei nem dizer, ao menos, se realmente o quero. afinal, sempre gostei mais das orquídeas.

iii. são nos campos inférteis, nas terras improdutivas, nas casas roubadas que aprendemos a retomar o que é nosso; o que foi destruído, negado e retirado desde que nos fizemos presentes nesse mundo. amanhã, serei a fronteira de expansão de uma floresta impenetrável, plantada por minhas próprias mãos; serei semente que brota botão de uma única flor; um diamante bruto, uma orquídea negra.

e tudo isso já me basta, mesmo que para os outros não seja suficiente.

sou culpada por todas as virtudes que abracei.

XXXV

às vezes tão sozinha
considerei te ressuscitar
para ter companhia
alguém para conversar

e quanto mais alguém busco
mais sozinha me encontro
mais sozinha me faço
e quanto menos alguém busco
mais sozinha me procuro
menos sozinha me acho

me vejo caminhando
em ruas desertas
sozinha
ao meu lado
a praça
o nada sentado
nas cadeiras vazias

então fico.

e quanto mais em alheia companhia
mais em falta da minha

quero estar sozinha
coisa que também não quero
quando canso de mim

os homens me olham com pena e com fome fazem cena co-
movidos com convites propostas anedotas pedidos enquanto
me olham com pena e com fome comovidos implorando
"você quer companhia"?

Non, merci
me isolo com alegria

cada vez mais
me agrada estar sozinha

nunca pareci tanto comigo mesma
andando livre pela cidade
como se voasse
um anjo de asas quebradas
uma mulher caída
uma mulher que caminha

cada vez mais
quero estar sozinha
me agrada minha própria companhia

sou apenas mais um anjo caído perdido expropriado do
[paraíso
vagando sem cessar
errando sem abrigo
caminhando só junto aos que sós caminham

pessoas caminham
indo encontrar alguém
encontrando alguém
acabando de encontrar alguém para encontrar outro alguém

pessoas que sós caminham
muito bem acompanhadas
em suas próprias companhias
que como eu, caminham
sem estar perdidas
sem ter alguém no fim do caminho

porque não estamos procurando
encontrar

já estamos
encontrando
a nós mesmos;
estou me encontrando.

e mesmo que bem acompanhados, indo encontrar,
                 [encontrando ou tendo encontrado
tão sozinhos
vagando sem rumo
em tantas estradas sem rota
trilhas sem mapa
viagens sem destino

e como toda grande obra
sigo sozinha, solitária
um livro na estante empoeirada
no escuro do meu quarto
eternizada.

XXXVI

o voo é solitário

e depois de arrancados os olhos
as tetas
os braços não mais que folhas murchas
as pernas não mais que raízes secas

e depois de queimados os cabelos
a pele
cortada a língua
os ossos não mais que pó
o corpo não mais que fóssil
a carne não mais que podre

enquanto isso uma mulher caminha no deserto
sozinha

e nós não mais que mortos
enterrados para sempre

XXXVII

cada dia que passa
é uma eterna batalha contra mim
jornada sangrenta
entre subidas, escaladas, voos, descidas
para descolonizar-me de você

não se pode mais pensar nisso
não se pensa mais naquilo

leio outras referências
de toques e carinhos
não preciso de migalhas alheias
ou remendos maltrapilhos

e se for para estar perdidamente
se for com alguém
que seja para ninguém
mas que seja leve
que seja novo
que seja fácil
que seja solto
que se permita perder o fôlego

poder se arruinar
é permitir da ruína reconstruir
nascer de novo

hoje ainda carrego no peito
uma pedra um pouco fria e quebrada
feridas abertas
artérias rompidas
a pele machucada

mas não duvido
que um dia me aconteça
que me apareça mel, cola e canela
alguma coisa para unir as pontas soltas
qualquer coisa que novamente prove
que sim que
o amor existe
o mundo a todos e a nada pertence
o amor está aí
basta não querer encontrá-lo
trombá-lo de surpresa
no fim de alguma estrada
no curso de alguma fonte
no trajeto de alguma jornada

e enquanto a vida se faz de obscena
pintarei algum quadro censurável
tomando decisões imprudentes
logo após cometer atos grotescos
crimes imperdoáveis
- teremos consequências bruscas
queremos consequências bruscas
escrever glossários das mais chulas baixarias
com as línguas e dentes que aqui restaram
jogar com as peças que resistiram ao tabuleiro
deste jogo traiçoeiro
cuspir os rastros de veneno
ralo abaixo

e quando vier
e se um dia chegar
que não seja por pena
conveniência comodidade coerção
que não seja por carência ou por atenção
que não seja o segundo prato ou a última refeição
que não seja por arrependimento impulso desespero ou
                                                        [aprovação
que seja
por ser
sem forçar
por inevitável que seja
por sentido que faça

que o amor seja

sem cara metade
sem metade da laranja
sem tampa da panela
apenas do bolo, a cereja
a explosão da garrafa de champagne
que seja
o toque último, especial
no massu o sakê transbordando
o chantilly do sundae
que o amor seja

pois as minhas portas estarão destrancadas
e as janelas abertas
que entre e que saia
que vá embora quando quiser
pois não há nenhum motivo para ficar

não preciso que fique
mas porque amar seja o motivo
e que seja a consequência
escolha livre e espontânea
de ficar
aqui
comigo.

XXXVIII   **e foi engraçado?**

um dia olharei para trás
    para rir

de quando estava fazendo
    a decisão errada
a chamada errada
    a pessoa errada

mas alguma coisa de certa
deveria estar fazendo também

porque hoje
pelo menos
eu ri.

XXXIX   **na Lagoa**

esses dias fui remar
eles estavam vendo

tinha uma tempestade acontecendo dentro de mim.

procurava seu nome,
você trocou?

cheguei na Lagoa
e choveu muito;

como é belo e brutal
esquecer.

como foi bom
ver o caos do lado de fora
uma outra vez.

procurava seu nome
e
nunca mais o encontrei.

Epílogo

(ou adeus E.)

Tudo isso era pra ser sobre você, mas me dou conta todos os dias que sempre foi sobre mim. Que te criei como lenda, príncipe, destino. Te fiz sonho e pesadelo. Um livro inteiro. E que tudo isso na verdade já estava aqui. Eu era a lenda, o príncipe, o destino. Eu te criei à minha imagem e semelhança. Uma ideia que me assombra, um fantasma que me persegue, um demônio que me arrasta. Algo que criei. Uma ideia que aqui se extermina. Uma ideia de você. Mas você não existe. Você nunca existiu. Talvez por isso tenha sido assim.

E tudo isso foi um livro violento, uma história assassina, páginas que torturam, poemas que afogam e incendeiam, palavras que machucam, letras que derramam sangue e tripas, vidas que aqui se terminam.

Penso tudo isso enquanto ainda sinto medo do amor e do que o futuro me reserva. Penso tudo isso enquanto visto aquela camiseta larga que agora é minha e não tem mais nenhuma evidência sequer de ter pertencido a outra pessoa. Penso tudo isso enquanto, quase que indiferente, comparo analiticamente todas as pessoas que apareceram ao longo da minha vida e percebo que não sinto falta de grande parte delas, mas sim falta dos arrepios. Coloco os brincos dourados nas minhas orelhas furadas como se fossem presentes de alguma tia avó ou prima de terceiro grau, como se eu nunca antes tivesse amado. Tudo na mais plena e perfeita ordem do apagamento, em plena e sã consciência. E no meio de tantas outras coisas, minhas mãos encontram quase que por total coincidência uma corrente com um certo nome gravado – o que poderia ser um crime de Estado em alguns países, isso não confessei e nem pretendo. Depois de fechar minha mochila verde que venho usando diariamente nos últimos anos, me pergunto de onde ela surgiu e logo que assimilo uma resposta me interrompo. Um grande vácuo, uma grande lacuna branca e fosca atravessa minha cabeça. Uma nuvem morta me rodeia, uma chuva que não molha me encurrala. Não há absolutamente ninguém. Faço tudo isso em plena e sã consciência, enquanto penso que ainda sinto falta dos arrepios, do frio na barriga, de estar completamente desarmada, de ser avassaladoramente metralhada por hormônios, de me encantar a ponto de não saber distinguir o rosa da rubra realidade.

Me encaro no espelho. Nunca pareci tanto comigo mesma. Inventei tantas coisas nessa vida, mas de uma coisa tenho certeza:

eu te matei bem aqui.

Agradeço a Sullivan Sena, por me curar, e ao meu Zhuko, por me salvar. Aos que acreditaram neste livro, obrigada.

Este crime foi planejado em 2021 e executado na terceira semana de janeiro de 2022.

Isabella Oliveira Rechtman

Zoë Naiman Rozenbaum (São Paulo, 1997), graduada em Ciências Sociais pela Universidade de São Paulo (USP), é escritora e atriz em formação. Escreveu e publicou, de forma independente, o livro de poesia *Mergulho em Apneia* (2020). Atualmente, reside em Paris, onde estuda teatro e continua a escrever e pesquisar narrativas. Nunca pareceu tanto consigo mesma. *E eu te matei bem aqui* é seu segundo livro.

Contato: zoenaiman@gmail.com
Nas redes: @zoe.nr

Fonte Minion Pro
Papel Pólen Bold 90g/m2
nº páginas 100
Impressão Psi7 / Book7
Tiragem 200 exemplares